Pia Pedevilla

Hier kommt der Weihnachtsmann!

Motive aus Tonkarton und mehr

Pia Pedevilla lebt in Bruneck (Südtirol). Sie studierte Kunst in Gröden und Werbegrafik in Urbino. Seit Jahren ist sie im Bereich der Illustration tätig und entwirft Holz- und Stoffspielzeug sowie didaktische Spiele für Kinder im Vorschulalter. Im frechverlag hat sie mehrere Bücher über verschiedene Arbeitstechniken veröffentlicht. Mehr erfahren Sie unter: www.piapedevilla.com.

Anleitung der Motive auf Seite 1 siehe Seite 32, Motive oben siehe Seite 16.

Texte: Traudi Prenn

Fotos: frechverlag GmbH, 70499 Stuttgart;
Fotostudio Ullrich & Co., Renningen

Dieses Buch enthält:
4 Vorlagenbogen

Auflage:	5.	4.	3.	2.	1.	Letzte Zahlen
Jahr:	2006	2005	2004	2003	2002	maßgebend

frechverlag GmbH, 70499 Stuttgart
Druck: frechdruck GmbH, 70499 Stuttgart

ISBN 3-7724-3020-1 · Best.-Nr. 3020

jetzt sind wir wieder mittendrin in der Vorweihnachtszeit, die uns zum Werkeln und Basteln einlädt. Dieses Buch gibt viele Anregungen dazu: ein Klangspiel schafft an den langen Winterabenden die richtige Atmosphäre, eine lustige Schwingfigur erzählt von der kalten Zeit und Weihnachtsmänner schmücken das Fenster oder läuten die Bescherung ein. Aber auch Vorschläge für witzigen Christbaumschmuck und trendige Dekorationen sind dabei. Und ein Adventskalender darf auch nicht fehlen.

Die vorgestellten Motive passen nicht nur in die Weihnachtszeit, sondern sie begleiten euch durch den Winter, bis dann das Osterhäschen den Frühling verkündet. Einige Figuren sind sehr einfach, andere etwas schwieriger – es ist also für jeden etwas dabei.

Viel Spaß wünscht euch

Pia Pedevilla

Material und Hilfsmittel

- Tonkarton, uni und gemustert
- Tonpapier
- Wellpappe
- Japanpapier
- Klebepunkte
- Plüschpompons
- Filz und Stoff
- Strickschlauch
- Chenilledraht
- Designdraht oder Alu-Draht
- Knöpfe, Glöckchen
- Holzkugeln und Holzstreuteile
- Näh- und Wollfaden
- Kordeln, Bänder
- Motivlocher
- Ziehfedern
- Klangstäbe
- Dünner Karton: weiß
- Transparentpapier
- Bleistift
- Filzstifte: rot und schwarz

Die verschiedenen Materialien

Papier

Die Grundmaterialien für die gezeigten Arbeiten sind Tonkarton und Tonpapier. Gemusterte Tonkartone eignen sich gut für Kleidungsstücke und mit Wellpappe können besondere Effekte erzielt werden. Im Handel gibt es auch viele schöne Naturpapiere, die man zusätzlich verwenden kann.

Filz

Kleidungsstücke der Figuren können gut aus Filz gemacht werden. Kleinere Teile wie Schals und Flicken einfach aufkleben, größere Teile mit dem Klebestift auf Tonkarton kleben und dann ausschneiden.

Draht

Für Arme und Beine eignet sich Chenilledraht sehr gut; die Figuren sind dann formbar. Ziehfedern machen sie beweglich und mit einer Drahtschlaufe können sie gut aufgehängt werden.

Verzierungen

Eine schnelle aber effektvolle zusätzliche Dekoration sind aufgesetzte ausgestanzte Motive wie Sterne, Herzen und Bäumchen. Angeklebte oder aufgenähte Knöpfe eignen sich nicht nur als Zusatzdekoration, sondern werden auch zur Radnabe. Außerdem habe ich oft Bänder und Kordeln sowie bunte Holzstücke und Holzkugeln verwendet. An jede Figur, die etwas stabiler ist, können zusätzlich Klangstäbe angehängt werden.

So wird's gemacht

1. Mit einem Bleistift die Einzelteile vom Vorlagenbogen auf Transparentpapier übertragen, auf einen dünnen weißen Karton kleben und dann sauber ausschneiden.

2. Die Schablonen dann auf den Karton oder das Papier in der gewünschten Farbe legen, mit einem Bleistift umreißen und ausschneiden. Für abgerundete Formen eine kleine gebogene Nagelschere verwenden. Gerade Schnitte macht man am einfachsten mit einem Cutter. Diesen sollten Kinder aber nie allein benutzen!

3. Mithilfe des Vorlagenbogens werden dann alle Einzelteile positioniert und zusammengeklebt. Für besonders feste Verklebungen Heißkleber verwenden. Dieser gehört aber auf keinen Fall in Kinderhände!

4. Die Motive dann dekorieren. Die Augen sind entweder aufgemalt oder mit schwarzen oder weißen Klebepunkten aufgesetzt. Ein weißer Lichtpunkt, mit einem Lackstift aufgesetzt oder beim Aufmalen ausgespart, gibt den Augen mehr Ausdruck. Die Mundlinie ist beinahe immer mit einem roten Filzstift aufgetragen, die Wangen sind meistens mit einem roten Buntstift gemalt. Die Nase ist ganz häufig ein kleiner angeklebter Plüschpompon oder ein Papierteil.

5. Wenn Figurteile wie z. B. Bart oder Pelzbesätze Schatten werfen, wirkt das Ganze plastischer. Beim Zusammenkleben der einzelnen Figurteile deshalb Klebepads oder Moosgummistücke als Abstandhalter verwenden.

- Buntstift: rot
- Lackstift
- Schere und Nagelschere
- Zacken- und Wellenschere
- Cutter und Schneideunterlage
- Alleskleber, Heißkleber, Klebestift
- Klebepads oder Moosgummireste

Bitte beachten Sie auch die Materialangaben beim jeweiligen Objekt. Die Hilfsmittel werden dort nicht noch einmal erwähnt.

Mein Tipp
Motive, die frei hängen, sind hübscher, wenn sie beidseitig gearbeitet werden. Dazu werden alle Teile doppelt, einmal spiegelverkehrt, ausgeschnitten.

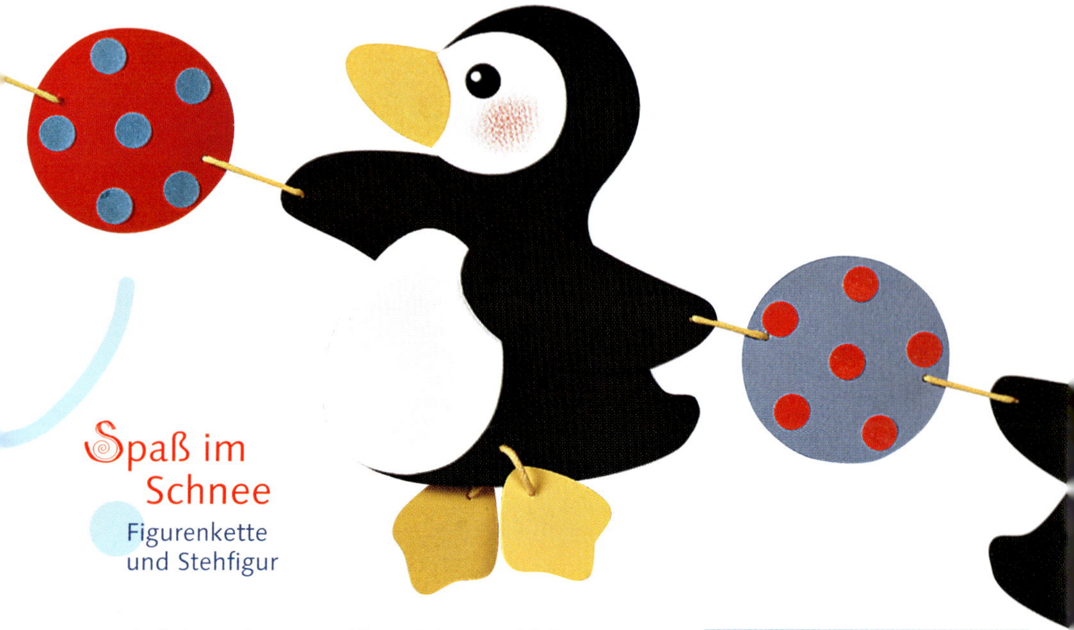

Spaß im Schnee

Figurenkette und Stehfigur

Auf den schwarzen Pinguinkörper klebt man zuerst den gelben Schnabel, darüber das weiße Gesicht und dann das Bauchteil. Die Augen sind schwarze Klebepunkte mit aufgesetzten weißen Lichtpunkten, die Wangen sind aufgemalt.
Ein Flügel wird hinter, der andere vor dem Körper fixiert und mit einer Zirkelspitze an der angegebenen Stelle eingestochen. Für die gelben Füße ein Loch durch Körper und Füße stechen, den gelben Faden durchführen und verknoten.
Die bunten Bälle haben aufgesetzte Klebepunkte und werden mit den Pinguinen abwechselnd auf einen Faden gefädelt.

Motivhöhe
ca. 14 cm

Material
- Tonkarton in A4: schwarz
- Tonkartonreste: weiß, gelb, blau, grün und rot
- Klebepunkte, ø 8 mm, 5 x schwarz, 6 x rot, 12 x blau
- Wollfaden: gelb

Vorlagenbogen 1A

Als Skifahrer den Pinguin doppelt arbeiten und beide Kopfteile zusammenkleben. Ein zwischen die Körperhälften eingeklebter schwarzer Tonkartonstreifen spreizt die Hälften auseinander. An diesem Streifen werden die Skier fixiert, auf die vorher die Füße geklebt wurden. Die Flügel kleben an den Skistöcken. Um den Hals ist ein bunter Schal geschlungen.

Dem Pinguin auf dem Schlitten (Material und Abbildung siehe Seite 9) werden Füße und Flügel angeklebt. Seine Mütze besteht aus einem Stück Strickschlauch, der unten etwas eingerollt und oben zusammengenäht wird. Die Spitze ziert ein gelber Pompon. Um den Hals hat der Pinguin einen Filzschal.

Motivhöhe

ca. 25 cm

Material

- Tonkartonreste: weiß, blau, hellblau, rot, schwarz, gelb, rot mit weißen Punkten
- Wellpapperest: hellbraun
- Filzrest: hellblau
- Strickschlauch: rot, 4 cm breit, 10 cm lang
- 1 Plüschpompon: gelb, ø 1 cm
- Klebepunkt: schwarz, ø 8 mm
- Kordel: hellbraun, ø 1 mm, 20 cm lang
- Motivlocher: Schneekristall

Vorlagenbogen 1A

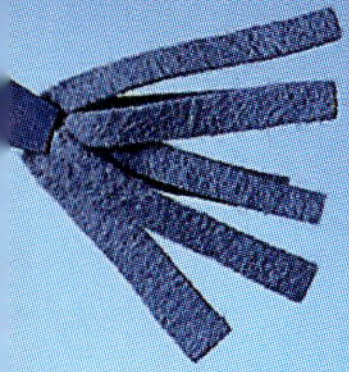

Papa Bär

Fensterbild

Dem Bär wird zuerst seine schwarze Nase aufgeklebt, der Rest des Gesichtes ist aufgemalt. Die zwei Mützenteile werden zusammengeklebt und dann von hinten am Kopf fixiert. Nur die untere Hälfte des Ohrs wird daran fixiert und die obere leicht nach vorn gebogen. Für den Mützenzipfel ein Stück Filz fransig schneiden, eindrehen, zusammenbinden und hinter der Mütze fixieren. Der mit ausgestanzten Eiskristallen verzierte Pulli wird an den Hals geklebt, darüber der Ärmel und abschließend der rote Schal.

Durch die Bärentatze, die man hinter den Ärmel anklebt, muss vorher ein Loch gestochen, das Schlittenseil doppelt durchgezogen und auf der Rückseite fixiert werden. Jetzt fehlen nur noch die zwei Hosenteile und dahinter die weißen Bärenfüße. Der Schlitten aus Wellpappe wird angehängt.

Den Pinguin wie auf Seite 6 beschrieben arbeiten, dabei beide Arme nach vorn hängend aufkleben.

Der Schneemann und seine Freunde

Fensterbild

Motivhöhe

ca. 35 cm

Material

- Tonkarton in A3: weiß
- Tonkarton in A4: dunkelbraun
- Tonkartonreste: rot, schwarz, hellgrau, ockergelb, hellgrün, grün, orange und rosa
- Tonpapierrest: hellrosa
- Filzreste: hell-, dunkelblau, violett
- Kordel: rot, ø 3 mm, 15 cm lang
- 3 Pompons: rot, ø 7 mm
- 2 Knöpfe: schwarz, ø 12 mm

Vorlagenbogen 2A

Dem Schneemann seine schwarzen Augen mit den ausgesparten Lichtpunkten, den Mund und die roten Wangen aufmalen. Die Karottennase wird aufgeklebt. Den Hut der Linie entlang mit einem Cutter einschneiden und auf den Kopf schieben.
Ein graues Hutband und zwei Tonkartonblätter mit aufgeklebten Pompons schmücken ihn.
Die schwarze Ärmellinie ca. 2 cm aufschneiden und dort den Besenstiel aus festem Tonkarton durchschieben und dahinter fixieren. Dann wird am Stiel der ockergelbe Besen angeklebt und mit einer roten Kordel umwickelt.

Dem Schneemann noch einen roten Schal umbinden und zwei Knöpfe aufkleben.
Die mit Filzstift bemalten Mäuseköpfchen haben ein rosa Innenohr aus Tonpapier, das nur zum Teil fixiert und leicht nach vorn gebogen wird, und einen bunten Filzschal um den Hals geschlungen. So werden sie dann auf ihrer Kleidung befestigt. Füße und Arme kleben hinter den Kleidungsstücken, die zum Teil aus Filz sind (siehe Seite 4).
Das Mäusemädchen ist mit einem Fuß hinter dem Arm des Schneemanns fixiert, mit einer Hand hinter der Karottennase, der Junge wird mit der Hose an den Besenstiel geklebt.

Rudolf, der Briefträger

Fenster- oder Wandbild

Alle Einzelteile zuerst ausschneiden und mithilfe des Vorlagenbogens positionieren.
In das rote Oberteil einen Schlitz einschneiden, dort die blaue Hose einschieben und beide Teile dann zusammenkleben. Der grüne Schal folgt als nächstes und darauf wird der Kopf geklebt. Dem Rentier mit Filzstift schwarze Augenkreise und die Mundlinie aufmalen und mit Buntstift die roten Wangen. In die Augen und auf das rote Nasenteil mit Lackstift einen weißen Lichtpunkt setzen.
Das Geweih wird hinter den Kopf geklebt, daran hängt ein Sternchen. Das schwarze Haarteil aus Tonpapier zum Schluss am Kopf fixieren. Auf die weißen Socken rote Streifen malen, die schwarzen Schuhe aufkleben – die weißen Linien sind mit Lackstift aufgemalt – und hinter diese die aus vier Teilen bestehenden Schlittschuhe setzen.
An die braunen Ärmchen werden die unteren Handschuhteile geklebt und die darüber liegenden Teile nur am Außenrand fixiert, so dass die Kordel darunter durchgezogen und festgeklebt werden kann.
Alle Dekorationslinien werden mit Filzstift aufgezeichnet, der Knopf angeklebt oder -genäht und die ausgestanzten Bäumchen und der violette Flicken aus Tonpapier aufgesetzt.
An die Kordel kann die Weihnachtspost geklammert werden und sie dient gleichzeitig zum Aufhängen.

Motivhöhe
ca. 36 cm

Material
- Tonkartonreste: rot, gelb, grün, hell- und dunkelbraun, hellblau, schwarz, silber
- Tonpapierreste: schwarz, weiß, violett
- Knopf: weiß, ø 1 cm
- Nähfaden: rot, gelb
- Kordel: silber, ø 3 mm, ca. 2 m lang
- Kleine Klammern
- Motivlocher: Baum

Vorlagenbogen 3A

Weihnachts-Alphabet

für Anhänger, Grußkarten, Schriftzüge, Türschilder...

Zuerst werden den Buchstaben aus Tonkarton die Schuhe oder die Händchen angeklebt. Den Gesichtchen werden Augen und Mund mit Filzstift aufgemalt und rote Pompons als Nase angeklebt. Sind sie fertig dekoriert, werden sie einfach an die Buchstaben geklebt.
Alle Teile sind aus Tonkarton, nur das Rentiergeweih und der Bart des Weihnachtsmannes lassen sich leichter aus Tonpapier ausschneiden.
Für die Karten und Paketanhänger wird ein Streifen des Rechtecks eingebogen und dieser mit einem farbigen Tonkarton überdeckt. Darauf klebt das jeweilige Köpfchen. Die Hände werden um die Kante gebogen und beidseitig angeklebt.
Mit den Buchstaben kann man Schriftzüge zusammensetzen. Sie werden dann mit einem dünnen Nylonfaden verbunden. Einige Buchstaben können dafür auch nur eine Schneehaube anstelle des Gesichtes aufgesetzt bekommen (siehe Seite 16/17).
Farben und Figuren der Buchstaben sind austauschbar.

Motivhöhe
ca. 12 cm

Material
- Tonkarton in A4: weiß, rot, grün, blau, schwarz, hellbraun, gelb
- Tonpapierreste: weiß, schwarz
- Plüschpompons: rot, ø 7 mm

Vorlagenbogen 1B + 2B

ABCDE
FGHIJK
LMNOP
QRSTU
VWXYZ

Motivhöhe

ca. 20 cm

Material

- Tonkartonreste: weiß, rot, grün, blau, schwarz, hellbraun, gelb
- Tonpapierreste: weiß, schwarz
- Plüschpompons: rot, ø 7 mm
- Draht oder Designdraht: schwarz
- Biegeplüsch: hellbraun, weiß, rot
- Motivlocher: Stern, Herz, Baum

Vorlagenbogen 1B + 2B

Drei Freunde

Anhänger

Arme und Beine aus Biegeplüsch werden hinter den Körper geklebt, daran Schuhe und Hände fixiert. Die einzelnen Figurteile werden positioniert und zusammengeklebt, die Gesichtchen dekoriert (siehe Seite 5). Bei der Positionierung der Teile hilft der Vorlagenbogen. Jetzt wird noch der Draht zu Schleifen gebogen und mit Heißkleber hinter den Händen fixiert. Die mit dem Motivlocher ausgestanzten Sterne, Herzen und Bäume dekorieren den Draht und die Figuren. Für die lustigen Gesellen können auch Filzteile verwendet werden (siehe Abbildung Seite 2 und Anleitung Seite 4) und sie können auch kopfüber aufgehängt werden (siehe Seite 2).

FEST

Der Weihnachtsmann hat's eilig

Fensterbild

Motivhöhe

ca. 33 cm

Material

- Tonkarton in A4: rot, weiß, schwarz, haut-, silberfarben
- Tonkartonreste: blau, grün, hellgrau, gelb, rosa
- Wellpapperest: schwarz
- 2 Metallknöpfe, ø 22 mm
- Faden: gelb, 30 cm lang
- Holzstreuteile: Bär und Tanne

Vorlagenbogen 4B

Da das Motiv recht groß ist, sollten alle Teile aus starkem Tonkarton angefertigt werden, damit es stabiler wird. Es ist günstig, zuerst alle Einzelteile auszuschneiden und zurechtzulegen und bei ihrer Positionierung den Angaben auf dem Vorlagenbogen genau zu folgen.

Zuerst wird das Fahrrad zusammengeklebt und die Knöpfe als Naben daran fixiert. Darauf setzt man die Grundform der Figur, bestehend aus Hose und Schal. Auf deren Rückseite wird das mit Filz- und Buntstift gemalte Gesichtchen und das wehende Haarteil angeklebt, auf der Vorderseite die Jacke mit Ärmel, hinter dem der Handschuh steckt.

Fortsetzung Seite 20

In die Jacke mit dem Cutter vorher die Taschenöffnung einschneiden. Der weiße Bart und der Schnurrbart werden zuletzt angeklebt. Der blaue Schuh kommt auf das Pedal und die hinter die Hose geklebten weißen Socken erhalten mit einem Filzstift rote Streifen.
In der Manteltasche steckt ein Holzbärchen, hinten am Fahrrad ist ein Baum aus Holz oder aus Papier fixiert. Der Schal des Weihnachtsmannes wird fransig geschnitten.
Dem Mäuschen sein Gesicht aufmalen und das rosa Innenohr ankleben. Jetzt wird das Köpfchen auf dem Schal und dieser auf dem blauen Fahrradkorb fixiert. Die grauen Pfötchen werden aufgeklebt und dahinter das mit einem Faden geschnürte Paket.
In der Eile verliert der Weihnachtsmann seine Zipfelmütze!

Es ist soweit!

Klangspiel oder Fensterbild

Motivhöhe
ca. 22 cm

Material
- Tonkarton in A4: rot, weiß
- Tonkartonreste: grün, hautfarben, schwarz
- Je 1 Plüschpompon: rot, ø 15 mm und weiß, ø 20 mm
- 3 Klangstäbe: 12 cm, 14 cm, 16 cm lang
- Glöckchen: rot, ø 24 mm
- Knopf: schwarz, ø 12 mm
- Wollfaden: rot, 2 m lang
- Holzstreuteile: Bär und Tanne

Vorlagenbogen 2A

Auf die rote Grundform mit angeschnittener Mütze wird das weiße Bartteil geklebt, darüber das gemalte Gesicht. In die aufgemalten schwarzen Augenkreise mit Lackstift weiße Lichtpunkte setzen, die Wangen sind mit rotem Buntstift gemalt. Der Schnurrbart wird nur in der Mitte angeklebt und der rote Nasenpompon darüber aufgesetzt.
Jetzt die Pelzbesätze auf den Mantel aufkleben. Hinter den Ärmeln – einer ist nur mit schwarzem Filzstift aufgetragen – stecken die Handschuhe. Das Glöckchen am besten bereits vor dem Aufkleben des Handschuhs mit einem Faden fixieren. Der Mantel hat an einer Seite eine Tasche. Sie wird um den Rand gebogen und beidseitig mit Klebstoff fixiert. Darin stecken einige Holzfiguren. Der schwarze Knopf kann aufgenäht oder angeklebt werden. Mit einem Faden werden die Klangstäbe durch die hinter dem Mantel fixierten Stiefel gestochen.

Engelchen

Fensterbild, Türschild

Motivhöhe

ca. 28 cm

Material

- Tonkarton in A4: weiß und weiß mit Goldsternen
- Tonkartonreste: rot, hautfarben
- Tonpapierrest: gold
- Kordel: gold, ø 1 mm, ca. 60 cm lang
- 2 Plüschpompons: rot, ø 7 mm
- Golddraht, ø 0,5 mm
- Motivlocher: Stern
- Schaschlikstäbchen

Vorlagenbogen 3A

Auf das Sternenkleidchen werden die Ärmel gesetzt und darüber die goldene Halskrause aus Tonpapier. Die Gesichtchen erhalten Augen und Mund mit Filzstift, die roten Wangen mit Buntstift aufgemalt. Als Nase wird ein roter Pompon aufgeklebt und die goldenen Haarteile werden zum Schluss fixiert. Hinter den Ärmeln befestigt man die Hände, hinter dem Kleid die Beinchen und darüber die Schuhe.
Für die Goldlocken wird ein schmaler Streifen Tonpapier eng an einem Schaschlikstäbchen entlang aufgewickelt, kurz festgehalten und dann einem Engel hinter das Köpfchen geklebt. Um das rote Paket wird der Goldfaden gebunden und dieses wird dann in den kleinen eingeschnittenen Handschlitz gesteckt und festgeklebt. Zum Schluss noch die Flügel befestigen. Ein Engelein hält ein aufgeklebtes Herz in den Händen.
Der Golddraht wird zuerst in Form gebogen, dann durch die Flügelspitzen gestochen und dahinter hochgebogen. An ihm kleben einige Sternchen.

Mein Tipp
Verkleinert sind die Engel ein niedlicher Christbaumschmuck!

Bald nun ist Weihnachten

Adventskalender

Motivhöhe
ca. 40 cm

Material
- Tonkarton in A4: hell-, dunkelbraun
- Je 2 Bogen Tonkarton in A3: grün, hellblau, violett, rot, gelb
- Tonkartonreste: schwarz, weiß, blau und weiß mit Goldsternchen
- Wellpapperest: rot mit Goldsternchen
- 1 Plüschpompon: rot, ø 15 mm
- Bunte Papierziffern, 2,5 cm hoch
- Nähfaden: gelb

Vorlagenbogen 4A

Zuerst alle Teile ausschneiden und den Vorlagenbogen bei der Positionierung zu Hilfe nehmen.
Auf das blaue Hemd wird der weiße Schal geklebt, darüber das Gesicht. Hinter dieses das Geweih, davor das schwarze Haarteil kleben. Die Gesichtslinien sind aufgemalt, der rote Nasenpompon aufgeklebt. Die Kerze wird hinter dem Kopf angeklebt, die Flamme aufgemalt.
Die roten Hosen sind aus Wellpappe und werden hinter dem Pullover fixiert. Achten Sie auf den waagrechten Rillenverlauf, da sie an der Pullikante entlang und dann noch einmal über die Sitzkante gebogen werden müssen. An den grünen Beinstreifen nun die Schuhe befestigen, hinter den Ärmeln die Händchen. Sterne und Kugel werden mit einem Faden ans Geweih gehängt. Damit die Figur nicht kippt, wird auf der Rückseite ein im rechten Winkel gebogener Stützstreifen angeklebt.
Die kleinen Überraschungspakete sind aus einem Stück geschnitten, an den gekennzeichneten Linien entlang gebogen und über die Falzstreifen zusammengeklebt. Damit der Knick sauber wird, die Kante vorher mit der Zirkelspitze an einem Lineal entlang leicht einritzen. Die bunten Ziffern sind aufgeklebt.
Die tägliche Überraschung wird dem Rentier auf den Schoß gesetzt, die übrigen Pakete ringsum gestapelt.

24

Bunte Geschenke

Leporello, Grußkarten, Laterne

Material

- Tonkarton in A2: rot
- Tonkarton in A3: blau
- Tonkartonreste: gelb, violett, grün, hellblau, orange, rosa
- Japanpapierreste: gelb, grün, orange, rot
- Wollfaden: gelb, 1 m lang
- Motivlocher: Stern, Baum, Herz
- Wellen- und Zackenschere

Vorlagenbogen 3B

Der Streifen Tonkarton für das Leporello kann beliebig lang gefertigt werden und er wird harmonikaförmig gefaltet. Die Faltkanten vorher an einem Lineal entlang mit einer Zirkelspitze leicht einritzen.
Es kann ein Fotoalbum werden oder ein ganz persönliches Geschenk mit einigen lieben Gedanken oder Geschenken hinter bunten Türchen versteckt. Diese werden mit einem umgebogenen Streifen angeklebt und mit verschiedenfarbigen übereinander geklebten Formen dekoriert. Mit dem Motivlocher gestanzte Formen kleben in den Ecken. Durch das aufgeklebte Herz wird ein Wollfaden durchgezogen und die zwei Teile so miteinander verknüpft.
Die Doppelkarten werden genauso gefertigt.
Für die Laterne vier Motive mit der Nagelschere oder mit dem Cutter aus dem Tonkartonstreifen herausschneiden oder mit einer Prägenadel ausstupfen und das Japanpapier von hinten aufkleben.
Vor dem Schließen wird einer Seite noch ein Dachdreieck mit ausgeschnittenem, hinterklebtem rotem Herz aufgesetzt.

Wie viele Tage sind es noch?

Fenster- und Wandbild

Motivhöhe

ca. 33 cm

Material

- Tonkarton in A4: rot, weiß, hellbraun
- Tonkartonreste: schwarz, hautfarben, grün, grau, blau, violett, gelb
- Tonpapierrest: rosa
- Bunte Papierziffern, 2,5 cm hoch
- Filzrest: gelb
- Je 1 Plüschpompons: rot, ø 15 mm und weiß, ø 20 mm
- Kordel: ø 1 mm, rot, ca. 10 cm lang und braun, ca. 20 cm lang
- Bastfaden: rot, ca. 20 cm
- Zackenschere

Vorlagenbogen 4A

Zuerst alle Einzelteile fertigen und dann zusammenkleben.
Auf den roten Grundkörper werden zuerst die roten Ärmel fixiert. Darüber klebt das weiße Bartteil, auf diesem das hautfarbene Gesicht, dem schwarze Augen mit weißen Lichtpunkten und rote Wangen aufgemalt wurden, und darüber der Schnurrbart, dessen lose Enden etwas hochgebogen werden. Darauf wird der Nasenpompon gesetzt. Der Mund ist aufgemalt.
Hinter die Mützenspitze wird ein Stück Kordel mit der weißen Bommel befestigt, in den Schal werden einige Löcher gebohrt und kurze Bastfäden eingeknüpft.
Den weißen Socken hinter den Hosen sind mit Filzstift rote Streifen aufgemalt, daran kleben die Schuhe. Die grünen Handschuhe hinter den Ärmeln kleben am braunen Geschenkesack, um den vorher der Bastfaden geschnürt wurde.
Das Mäuschen bekommt die Gesichtslinien mit Filzstift aufgemalt und das rosa Innenohr angeklebt.
Das fertige Köpfchen wird auf den roten Schal gesetzt und dann am Sack fixiert. Das Händchen um die Kante biegen und dahinter kleben. Nun den gelben Filzflicken, dessen Rand mit der Zackenschere geschnitten wurde, aufkleben.
Das Kästchen für die verschiedenfarbigen Datumskärtchen mit den farbigen Ziffern ist aus einem Stück gefertigt. Den Schriftzug zuvor aufbringen. Die Biegekanten werden an einem Lineal entlang mit der Zirkelspitze leicht angeritzt, gebogen, über die Falzstreifen zusammengeklebt und am Sack fixiert.

Mein Tipp

Für die 24 Tage brauchen Sie 13 Kärtchen. Damit kann jedes Datum zusammengestellt werden (siehe Vorlagenbogen).

21
Tage bis Weihnachten

Zappel-Schneemann

Fensterbild

Motivhöhe

ca. 30 cm

Material

- Tonkarton in A4: weiß
- Tonkartonreste: hell- und dunkelblau, schwarz, blau mit weißen Punkten
- Wellpapperest: weiß
- Tonpapierrest: rot
- 2 Glöckchen: rot
- 2 Streifen Biegeplüsch: weiß
- Ziehfeder
- Knopf: schwarz, ø 16 mm
- Nähfaden: rot
- Schaschlikstäbchen

Vorlagenbogen 4B

Auf das runde Bauchteil werden die Biegeplüschstücke für Arme, Beine und Hals geklebt und mit dem Vorderteil sauber verdeckt. Das Gesicht wird aufgemalt: In den schwarzen Augen die Lichtpunkte aussparen, den Mund zeichnen und die Wangen rot schattieren. Die rote Nase ist aufgeklebt. Das fertige Köpfchen wird auf den Hals geklebt und mit dem weißen Hinterkopfteil geschlossen. In das vordere Hutteil wird mit dem Cutter eine Linie eingeschnitten.

Über diesen Schlitz wird der Hut über den Kopf geschoben und hinten befestigt. Für die Haarlocke wickelt man einen schmalen Streifen Wellpappe mit waagerechtem Rillenverlauf vorher eng um ein Stäbchen. Der Schal wird beidseitig aufgesetzt.

Die Ärmchen werden zwischen den zwei Handschuhteilen fixiert und gleichzeitig wird dort ein an einem Faden hängendes Glöckchen eingelegt. Die Schuhe kleben an den Beinen und der Ansatz vom Biegeplüsch wird durch die doppelt angeklebten Socken mit aufgemalten roten Streifen verdeckt. Der Knopf kann aufgenäht oder -geklebt werden. Die Ziehfeder wird durch den Hut gestochen und dahinter hochgebogen, der Schneemann kann aber auch mit einem Faden aufgehängt werden.

Wenn die Figur frei hängt, sollte sie beidseitig gearbeitet werden. Dafür den Kopf mit Hut sowie das Tuch ohne Zipfel noch einmal spiegelverkehrt arbeiten und, beim Kopf statt des weißen Hinterkopfteils, auf der Rückseite anbringen. Ein zweiter Knopf schmückt den Bauch.

Eisbärkinder

Serviettenring, Anhänger, Teelicht, Geldgeschenk

Abbildung auch Seite 1

Motivhöhe

Anhänger: ca. 12 cm

Material für alle Objekte

- Tonkarton in A3: weiß
- Japanpapier in A4: hellblau, türkis
- Wellpappe in A4: weiß
- 4 Plüschpompons: schwarz, ø 7 mm
- Satinband: weiß, 3 mm breit, 20 cm lang
- Nähfaden: weiß
- Motivlocher: Eiskristall

Vorlagenbogen 1A

Die Gesichtslinien sind mit schwarzem Filzstift gezeichnet, die Wangen mit Buntstift rot gefärbt, die Nase ist ein schwarzer Pompon. Das Japanpapier ist sehr dünn und muss daher zuerst mit einem Klebestift auf den Tonkarton geklebt werden, erst dann werden die Motive ausgeschnitten. Die Schals hinter den Köpfchen fixieren.

Der Anhänger (siehe Seite 1) hat ein Kleidchen mit aufgeklebtem Eiskristall, ein zweites hängt an einem Faden, der durch die Hand gestochen wird.

Für den Teelichthalter einen langen Streifen Wellpappe um das Teelicht wickeln und zusammenkleben. Auf der so entstandenen Basis wird der Bär fixiert, dem die runde Öffnung am einfachsten mit einer gebogenen Nagelschere ausgeschnitten wird.

Für den Serviettenring das Bärenköpfchen auf dem zusammengeklebten Tonpapierstreifen befestigen.

Für die Karte (siehe Seite 1) das vorschauende Stück der Doppelkarte mit Japanpapier bekleben, dann Bärenkopf und Pfote aufkleben. Mit Zirkel oder Scherenspitze die vier Löcher in die Karte bohren, den Geldschein so falten, dass er dazwischen passt und mit den eingefädelten Bändern befestigen.